LIBERTÉ, ÉGALITÉ, FRATERNITÉ

ARGENT, CRÉDIT, ASSOCIATION

PAR

PIERRE CONIL

PARIS

CHEZ LACROIX, VERBOECKHOVEN ET Cᵉ

ÉDITEURS

13, faubourg Montmartre

—

1870

A Monsieur Edmond Tarbé, Directeur du *Gaulois*.

Mon cher monsieur Tarbé,

Les idées que j'expose dans ces quelques pages seront-elles appréciées ? Je l'ignore.

Me sera-t-il démontré, au contraire, que mon œuvre est entachée d'erreur ?

Mon erreur, en tout cas, aura été celle d'un homme qui veut arriver au bien par les voies les plus honnêtes. Je désapprouve avec une égale énergie le Communisme, le Mutuellisme, le Collectivisme et tous leurs dérivés, qui sont et seront impuissants à résoudre *jamais* la question sociale, mais dont certains habiles se servent pour exciter les esprits faibles.

Il y a mieux à faire, aujourd'hui, qu'à déchaîner les passions populaires ; il s'agit de faire comprendre au peuple où sont placés ses véritables intérêts.

Tel est le but que je me suis proposé en écrivant cet opuscule.

Acceptez, je vous prie, la dédicace de cette courte brochure comme un hommage que je suis heureux de rendre à l'impartialité du *Gaulois* dans les questions politiques et économiques qui s'agitent, et un témoignage de mes sentiments d'estime et d'amitié pour vous.

PIERRE CONIL.

LIBERTÉ, ÉGALITÉ, FRATERNITÉ

ARGENT, CRÉDIT, ASSOCIATION

I

Je ne suis ni de 89, ni de 1815, ni de 1830, ni de 1848; je suis d'hier et d'aujourd'hui et je pense à demain. Parlant donc la langue de mon temps, j'ai le droit de dire :

LA LIBERTÉ, c'est L'ARGENT.

L'ÉGALITÉ, c'est LE CRÉDIT.

LA FRATERNITÉ, c'est L'ASSOCIATION.

Réaliste, et non cynique, Dieu merci ! je ne prétends pas matérialiser trois mots sublimes; je donne seulement leur traduction en langage économique et moderne. J'ai lu d'ailleurs, comme tout le monde, le traité de Sénèque sur *le Mépris des richesses,* et je sais dans quel sens il est vrai de dire que l'homme libre est celui qui n'a pas de besoins. Je passe donc, et j'ajoute :

Il est de convention et de consentement général que, en quelque pays que ce soit, celui qui est porteur d'argent peut se procurer tout ce que ce pays et les autres offrent ou produisent pour *les besoins,* le luxe et la sensualité.

Voltaire a écrit : « La richesse consiste dans le sol et dans le travail. » Oui; mais les économistes ont rendu vulgaires les idées suivantes : « Le numéraire est le principe de la Richesse. Avant l'introduction du Crédit, l'Etat, qui était le plus riche en espèces, était aussi le plus puissant. La monnaie est dans l'État ce que le sang est dans le corps humain : sans l'un on ne saurait vivre, sans l'autre on ne saurait agir. »

Je pourrais vous étourdir avec des citations et des définitions contradictoires sur la Richesse; car il en est de l'étude de l'Économie politique comme de l'étude de la Médecine; elle finit par donner le vertige, et fait songer, par moment, à se réfugier dans l'empirisme.

C'est l'excuse de certaines théories absurdes, insensées, *empiriques*, remises en circulation depuis les élections de mai 1869 et, surt out, depuis la promulgation du sénatus-consulte du mois de septembre. A force d'étudier (est-ce bien à force d'étudier?) les soutiens des théories dont je parle paraissent avoir perdu la notion du juste et de l'injuste. Dons Quichottes de l'Economie politique, ils ont, nouveaux chevaliers de la Manche, égaré leur raison en feuilletant la *Chrématistique* d'Aristote, Columelle, Sully, Vauban d'Argenson, Quesnay, Bastiat, Say, et les livres communistes de Campanella, de Robert Owen, de Babeuf et *tutti quanti*.

Mais il faut prendre un parti :

Eh bien ! tout le monde moderne pense, avec et même sans de Boisguilbert, que « la Richesse consiste dans une jouissance entière, non-seulement des besoins de la vie, mais même de tout le superflu et de tout ce qui peut faire plaisir à la sensualité, sur laquelle la corruption du cœur invente et raffine tous les jours. »

Voilà du moins une définition qui, pour être d'un lieutenant-général au baillage de Rouen, d'un homme intègre, n'en est pas moins plantureuse et essentiellement moderne. « La Richesse, ajoute-t-il, même au commencement du monde, par la destination et l'ordre du Créateur, n'était autre chose qu'une ample jouissance des besoins de la vie. »

Le mot de Luxe se trouve dans un des paragraphes que j'ai cités ; mais, le Luxe, qui pourra me dire où il commence depuis l'invention du Confortable, Tenez, en 1870, il faut être sur ce point de l'avis de celui qui disait : « Le Luxe est un vain nom qu'on doit bannir de toutes les opérations de la police et du Commerce, parce qu'il ne comporte que des idées vagues, confuses, fausses, dont l'abus peut arrêter l'industrie même dans sa source. »

II

Vous le savez :

« Ce qui, malgré bien des déchéances, nous permet de favorablement augurer de ce siècle, c'est de voir notre génération éprise, à un plus haut degré qu'aucune génération ne l'a jamais été, de l'amour de la vérité. Mille considérations primaient autrefois la recherche de la vérité : considérations politiques, religieuses, morales. On se préoccupait avant tout des conséquences ; on se détournait du droit chemin, parce qu'un abime était au bout ; on le croyait, du moins... »

Aujourd'hui aucune considération politique ne saurait empêcher de fouiller cette proposition :

TOUT LE NONDE DOIT ET PEUT AVOIR DE L'ARGENT.

J'entends crier de tous côtés : OUI, MAIS PAR LE TRAVAIL ET PAR L'ÉCONOMIE !

Ai-je déjà dit le contraire ?

Je ne ferai qu'un amendement à la proposition de mes interrupteurs, et le voici : Tout le monde doit avoir de l'argent POUR le travail et POUR l'économie.

Est-ce qu'on peut travailler sans *peu ou prou* de capital?

Est-ce qu'on peut économiser *sans avoir le sou?*

On a fait grand bruit et grand peur, jadis, du droit au travail. Il fallait commencer par *le droit à la vie,* car, avant de travailler et pour travailler, il faut vivre, avoir la force.

C'est la nature qui le dit;

C'est l'expérience qui l'affirme.

Or, en y regardant de près et comme il convient à des hommes du temps présent, *l'infanticide est aussi dans la misère !*

Si ce que j'avance là n'était point vrai, est-ce que nous verrions s'élever, comme par enchantement, et à l'honneur du cœur humain, tant de salles d'asile, de refuge, tant d'orphelinats? L'institution des enfants de troupe est, en bien des points, un exemple bon à suivre.

Connaissez-vous un spectacle plus désolant que celui d'un petit enfant déguenillé !

Nos livres proclament :

« Le travail et la population sont les deux forces de l'État. » En effet, l'un le féconde, l'autre le défend.

Et puis après ?

Après? Comme il faut bien se rendre à la réalité, nous ajoutons que :

« Le travail et la population, ces deux forces d'un Etat, *dépendent en grande partie de l'abondance et de la* BONNE CONDUITE DU NUMÉRAIRE. »

Mais, en 1870, comment des forces peuvent-elles dépendre absolument? Que signifient ces mots : Bonne conduite du numéraire? Quel argent est mieux conduit que celui de la Banque de France, qui donne jusqu'à trente pour cent à ses actionnaires? Et cependant il y a enquète permanente de la part des journaux de toutes nuances, sur la cause des crises financières et sur la bonne ou la mauvaise conduite du numéraire.

Il faut espérer qu'un temps prochain nous fera voir et savoir, en cette matière, car ici tout est sérieux, tout est sous l'œil, hommes et choses.

En attendant, si nous voulons conquérir *la liberté, c'est à-dire l'argent,* c'est-à-dire encore la Richesse, c'est-à-dire en outre « la jouissance plus ou moins ample des besoins de la vie; » si nous voulons tout cela sincèrement, il faut compter sur nous-mèmes, et pratiquer la maxime : Aide-toi, le ciel t'aidera.

La manière la plus simple, la plus naturelle de s'aider soi-même, de préparer sa liberté, les Anglais la connaissent bien; c'est de s'assurer, de pratiquer l'Assurance pour soi, pour les siens.

Assurons-nous pour être libres.

III

Que fait l'Assurance ?

« Elle procure une issue certaine à tout évènement incertain. »

« Elle régularise par des chiffres l'incertitude proverbiale de la vie humaine. »

« Elle fait produire à une vie abrégée par le temps ou les infirmités, les mêmes avantages qu'une vie longue et laborieuse à pu produire. »

M'assurer, je le veux bien, mais dites-moi où trouver, dans un présent malheureux, insuffisant tout au moins, l'argent nécessaire pour assurer l'avenir de moi ou des miens?

Je réponds :

A l'avenir, tout travail *doit* porter avec lui-même son Assurance, mais l'Assurance, en ce sens-là, devient obligatoire.

Doit! vous parlez comme tous les autres; vous *affirmez* sans donner le moyen de réaliser votre affirmation.

Attendez.

Aimez-vous mieux dire que tout travail *doit porter avec lui son économie* POSSIBLE? Je ne m'y oppose pas, à une condition cependant, et ici je vais plus loin que vous: c'est que VOUS NE PRENDREZ POINT L'ÉCONOMIE SUR LE NÉCESSAIRE de l'individu et de la famille.

J'entends par le nécessaire : L'abri, le Vêtement, la Nourriture, et, la définition de l'homme étant : « un animal qui a des Outils, » j'ajouterai à l'abri, au vêtement et à la nourriture, j'ajouterai, dis-je LES OUTILS.

Est-ce trop?

Ou la doctrine de Malthus, que la politique, la religion et la morale réprouvent.

Ou la Doctrine de la Population : Force et Richesse de l'Etat;

Voilà l'alternative ! et je choisis la seconde de ces doctrines.

Les richesses sortent du sol, de la terre, sans doute, mais tant vaut l'homme, tant vaut la terre, et l'homme, en ce sens-là, c'est *le travail, toujours* le travail.

En ce moment, le sol, le travail, la population s'agitent, — l'argent les mène. En effet, proclamé étalon de toutes les valeurs, l'argent dispose; c'est devant lui que les produits du sol et des manufactures doivent comparaître pour être évalués en dernier ressort; les monnaies fiduciaires, le Crédit de la Banque lui-même, n'existent qu'à la condition de se convertir, à la volontée du porteur ou à date précise, en argent.

Vœu de pauvreté ou obligation d'assurance, voilà encore l'alternative du présent en vue de l'avenir.

Rendons-nous enfin à l'évidence sur ce point capital, et reconnaissons ce fait, *sur le terrain de l'économie politique,* cela va sans dire que celui qui a de l'argent est libre, donc : L'ARGENT, C'EST LA LIBERTÉ.

Et plus nous irons, plus cette vérité sera *vraie.*

La vie à bon marché n'est plus qu'une généreuse utopie ; *il ne faut pas tromper le peuple* en lui disant que la vie peut redevenir ce qu'elle était il y a trente ou quarante ans (1).

La vérité est qu'on ne reverra plus en rien les anciens prix. La vie, le gouvernement à bon marché appartiennent à ces catégories de bonnes intentions destinées à ne pouvoir devenir des faits aujourd'hui.

Dans un ordre d'idées connexe à celles-ci, je crois pouvoir annoncer, sans crainte d'erreur, ceci : nous ne marchons pas à la réduction du taux de l'intérêt, mais à la liberté de l'intérêt, ce qui est bien différent. Le génie industriel et producteur ne tend-il pas à multiplier les demandes d'argent au-delà de ce que les Amériques, l'Australie et la Californie en produisent ?

Tout cela est très-bien, mais vos moyens ?

Tout à l'heure.

IV

J'en viens au CRÉDIT, QUI EST, jusqu'à un certain point, L'ÉGALITÉ, et, sans me perdre ici dans les innombrables définitions des Banques qui ont été données depuis Law, ce méconnu, je rappellerai que : « Les Banques ont introduit, réglementé le Crédit dans les États ; » puis, comme il est aussi inutile que stupide, à notre époque, de se montrer injuste sur les grands faits publics, j'avouerai que les Banques ont réalisé, dans une grande mesure, ce but de leur institution : « Elles ont été les intermédiaires à l'aide desquels s'opèrent, d'une part, la concentration des capitaux, de l'autre, leur distribution dans les diverses parties de l'atelier national. »

Seulement les Banques ne prêtent pas au travail, à la population, mais à la solvabilité.

Reposant elles-mêmes sur le Crédit, puisqu'elles ne possèdent réellement qu'une partie de l'argent qu'elles sont censé pouvoir fournir à toute heure du jour, et dont elles tirent un fort intérêt, les Banques sacrifient tout à la conservation de leur Crédit. Elles ne disent pas : Périsse l'État plutôt que mon Crédit, mais : après mon crédit, la fin de l'État et du monde ! Elles défendent leur encaisse d'une façon qui, parfois, semble être sauvage, dans l'intérêt de la civilisation. Leur devise implicite est : *Me stante omnia quiescunt.*

Cela n'est vrai qu'à moitié environ.

(1) Peut-être les progrès de l'agriculture parviendront-ils à réduire quelque peu les prix de la viande ; mais le développement que comporte cette importante question, ne saurait trouver place ici.

V

Après ce que nous avons observé du rôle de l'argent, qu'est-ce donc que le Crédit?

En grand, c'est LE TEMPS que *les personnes* possédant des capitaux, ayant des comptes-courants à la Banque, des billets de banque, *accordent* à cet établissement pour s'acquitter en espèces monnayées ayant cours.

En petit, c'est LE TEMPS que *la Banque accorde* aux personnes solvables, quelle que soit d'ailleurs leur profession ou leur oisiveté, pour convertir en monnaies métalliques ou en monnaie propre de banque (billets) leurs billets à ordre.

Le temps tient donc lieu d'argent aux personnes solvables, d'une époque à une autre époque, d'un engagement à une échéance.

L'escompte est la forme la plus habituelle du Crédit. « Le nombre des clients admis à l'escompte du comptoir de Paris, est de 1,880 ; et l'enquête de la Chambre du commerce a constaté qu'en 1847 il existait dans la capitale 64,816 entrepreneurs d'industries ayant réalisé, dans l'année, pour 1,463,626,350 francs d'affaires.

En 1860, le nombre des chefs d'industries diverses était de 101,172, présentant pour cette année un total d'affaires de 3,369,092,949 fr. d'affaires.

« *Sur ces 101,172 chefs de fabriques et d'ateliers. 7,492 employaient plus de dix ouvriers*, 31,480 *en employaient de deux à dix, et* 62,199 *employaient un ouvrier ou travaillaient seuls :* » (1).

Comment, étant le Crédit, mettre ces petits chefs d'ateliers ou de fabriques, ces hommes qui travaillent seuls, comment les mettre en jouissance de tous les besoins de leur industrie par le Crédit?

Le moyen qui se présente, c'est encore l'Assurance.

Assurés pour *tout* ce qu'ils valent, ils obtiennent alors *tout le Crédit* qu'ils méritent, car l'*Égalité*, excepté devant la loi, n'a jamais été et ne sera jamais *qu'une proportion*.

On est égal à son mérite et à son travail.

Le Crédit, mesure de temps, comme nous l'avons remarqué, appliqué au travailleur pour qui le temps est un capital, puisqu'il l'emploie à produire, le Crédit, dis-je, organisé sur l'Assurance générale, universalisée par l'intérêt de chacun et de tous, établirait donc, dans un certain degré, l'*Égalité pratique* parmi les hommes.

Être admis à l'escompte sur son livret d'assurance, et sur la production de certains livres de commerce, voilà donc *une cause* et *un effet* tout à la fois.

L'assurance facilite l'escompte ;

(1) Je n'ai pu me procurer de chiffres officiels plus récents, mais, même s'ils sont devenus inexacts, ce qui est probable, ils ne m'en permettent pas moins de poursuivre mon raisonnement.

L'escompte excite à l'assurance, et la sécurité générale se fonde à son tour, et peu à peu, sur la sécurité individuelle.

VI

L'ASSOCIATION, ai-je dit, C'EST LA FRATERNITÉ : articuler les deux mots, c'est prouver le fait.

Tous pour un, tous pour tous, l'Association et la Fraternité ont forcément cette même devise.

Aussi le *véritable crédit*, bien autrement large que le Crédit des Banques, sera le Crédit Mutuel, ou Crédit d'Association ayant pour garantie l'Assurance.

A cette simple proposition, beaucoup de personnes sont charmées de me répondre : C'est cela, les gens laborieux paieront pour les fainéants, les sobres pour les ivrognes, les économes pour les dépensiers ; les uns mettront leurs vertus, les autres leurs vices dans l'Association, et l'on partagera les bénéfices.

Assez de *rengaines !*

Tout le monde sait que *l'Association* se fonde sur *une Égalité,* et non sur *une exploitation.*

En réalité, en vérité, en fait, et me reportant à un avenir que j'aime à entrevoir prochain :

CELUI QUI EXISTE, TRAVAILLE ;
CELUI QUI TRAVAILLE, S'ASSURE ;
CELUI QUI S'ASSURE, A CRÉDIT ;
CELUI QUI A CRÉDIT, S'ASSOCIE.

Il n'y a plus d'oisifs aujourd'hui, et le caractère de notre temps est plutôt de mettre les fils au travail de trop bonne heure ; quant aux paresseux, il ne faut vraiment les compter que pour mémoire.

Donc, qui existe travaille ;

Qui travaille, s'assure.

Mais les Primes d'Assurance sont trop élevées, et vous avez reconnu que l'Assurance n'était possible que si le travailleur produisait un peu au delà de ses besoins.

Je maintiens que cette condition *est indispensable* pour pouvoir s'assurer ; mais j'ajoute qu'une ou plusieurs sociétés d'*Assurances Ouvrières* peuvent se fonder et trouver des bénéfices en opérant aux conditions suivantes :

En payant une prime annuelle de 12 francs, un ouvrier assure une somme de mille francs à sa veuve, dans le cas où il viendrait à être enlevé par une *maladie* accidentelle.

En élevant la prime annuelle à 24 francs, il pourrait s'assurer une pension viagère de 200 francs, en cas d'incapacité permanente et absolue de travail provenant de la même cause, ou 2 fr. 50 c. par jour de chômage temporaire.

En portant la prime à 36 francs par an, il couvrirait à la fois les trois éventualités, et assurerait :

1° L'indemnité de 1,000 francs à sa veuve et à ses enfants;

2° La pension viagère de 200 francs à lui-même, et,

3° La prestation de 2 fr. 50 c. par jour de chômage.

Les femmes, les ouvrières, seraient admises dans des conditions bien plus douces encore à participer à l'Assurance, et, partant, au Crédit qui en résulterait.

On néglige trop la femme de nos jours, et, cependant la femme, au moins autant que l'homme, surtout dans la classe ouvrière, est apte aux petites industries dont les bénéfices viennent en aide à la communauté. A elle donc, comme à son mari, comme à son fils, du Crédit lorsqu'elle s'assure.

Les chiffres que je donne ont des bases sérieuses et ne sont pas le produit de mon imagination.

Eh bien, quel est l'ouvrier, quelle est l'ouvrière, aimant le travail, qui ne puisse consacrer 25 centimes *par semaine* à se couvrir du premier risque?

Quels sont les ouvriers, quels sont les ouvrières, soit un peu plus prévoyants, soit un peu plus fortunés, qui hésiteraient à donner 2 francs *par mois* pour se couvrir du second risque et asseoir son Crédit sur une base plus large?

Et voyez comme tout s'enchaîne!

Aujourd'hui l'ouvrier est-il malade, vient-il à chômer, le crédit se resserre s'il ne se tarit aussitôt.

La misère est là. Les fournisseurs sont comme la fourmi, ils ne prêtent qu'avec répugnance, c'est là leur moindre défaut.

Avec l'organisation nouvelle, tout change : le livret d'Assurance GARANTIT le paiement en cas de mort, le paiement en cas de chômage. Et comme le petit commerçant est d'une défiance d'autant plus grande que ses ressources sont plus restreintes, une visite au siége de la compagnie qui a délivré le Livret l'a bientôt mis au fait de la situation réelle du détenteur de ce livret, et il fait à celui-ci volontiers des avances dont le remboursement est certain.

Ainsi donc, l'Assurance donne le Crédit.

Le Crédit va *constituer* l'ASSOCIATION, qui seule, à mon avis, est appelée à résoudre, dans toute la mesure du possible, le Problème Social, en combattant avec efficacité le paupérisme et le prolétariat.

VI

Ainsi, désormais, plus d'accident dans le sens *économique* du mot. Si un accident vous atteint dans vos moyens d'existence, ne pourra-t-on pas vous accuser d'incurie; ne serez-vous pas coupable aux yeux de votre famille, que cet accident réduira peut-être à la misère parce que vous ne vous serez pas fait assurer?

L'idée du Crédit Mutuel est déjà vieille, comme tout ce qui est encore trop nouveau.

Une idée! une idée! Que peut-on faire d'une idée en économie politique, pratique? — J'entends bien, vous me raillez.

Il n'est pas facile, en effet, de pratiquer une idée.

D'abord, en discussion, tout est à peu près impossible.

En fait, et fort heureusement, les choses se simplifient.

Je m'explique tout de suite par un exemple :

Toutes les industries du bâtiment, depuis le plâtrier jusqu'à l'homme qui vend le bouquet à rubans tricolores dont on se sert pour couronner l'édifice, *s'associent*.

L'escompte étant la forme la plus habituelle du crédit, il est certain que des billets à ordre vont s'échanger par le seul fait de cette association. Il faut que l'Association, comme la Banque, soit toujours réputée en mesure de donner de l'argent contre ses billets. Elle aura d'autant moins à en donner, qu'elle sera censé pouvoir en donner davantag.

Vous le voyez, je ne suis pas dans les nuages : mon point de départ et d'arrivée, c'est l'argent, toujours l'argent.

Mais, ici j'innove, et carrément

Je veux que les rentiers rentrent dans l'Association des Travailleurs.

— Grâce! grâce! je suis un insensé, un fou, pire encore. Que l'on m'accorde un moment d'attention, et que les rentiers eux-mêmes me pendent ensuite, j'y consens.

Je veux que les rentiers rentrent dans l'Association des Travailleurs, de leur plein gré, séduits qu'ils seront par les bénéfices à retirer, sans risques à courir, du capital qui dort chez eux pour ne le réveiller qu'aux jours d'échéance des coupons.

Ma prétention, si prétention il y a, est bien simple :

Je demande que le titre de rente au porteur, que les obligations de nos grandes compagnies auxquelles l'État a donné ou donnera des subventions, rentrent dans la masse des objets DIRECTEMENT échangeables, parce qu'ils ont une valeur qui leur est propre, et que l'on puisse, en conséquence, se procurer avec lui toutes les choses dont on a besoin.

Diable! et les agents de change?

Je les plaindrai un autre jour, et je poursuis :

Celui qui s'assure à crédit!

Est-ce qu'une Police d'Assurance, en effet, ne devient pas tous les jours, en 1870, la garantie offerte par le débiteur, le gage accepté par le créancier?

Au moyen de l'Assurance, aucun débiteur de bonne foi ne doit plus mourir in lvable. Celui qui a Crédit a sa raison d'être admis dans une Association de Crédit Mutuel.

Et maintenant, je le répète, quelle doit être la base du Crédit Mutuel ou d'Association?

C'est le crédit même de l'État;

C'est la rente, ce sont les valeurs garanties par l'État!

Ne reposent-elles pas sur l'impôt de chacun et sur la foi de tous?

M. J. Laffitte et M. Thiers ont dit, en 1824 : « Il faut travailler ou se réduire ; le capitaliste a le rôle de l'oisif, sa peine doit être l'économie, et elle n'est pas trop sévère. » Or' le capitaliste peut et doit sortir de son oisiveté.

VIII

Je vais plus loin. On a demandé bien longtemps, on a *enfin* créé le *Billet à intérêt.*

Le Crédit Rural de France, par exemple, offre au public de ces valeurs, toutes fort estimées, basées qu'elles sont sur l'hypothèque.

Mais le titre de rente au porteur, avec ses coupons tout prêts à être détachés, ne remplit-il pas toutes les conditions désirables ? Ne peut-il pas se transmettre de la main à la main ? est-il simple et facile à contrefaire ? peut-on le voler avec son numéro d'ordre ? le payement de l'intérêt est-il assuré à jour fixe au Trésor public ? Les obligations de nos grandes voies ferrées ne remplissent-elles pas outes ces mêmes conditions ?

Je le sais bien, *le capital* de ces billets varie comme le cours de la Rente et des Obligations ; c'est un *alea* que beaucoup de gens rechercheraient, et dont beaucoup d'autres ne voudraient pas entendre parler. En d'autres termes, les titres au porteur offrent, comme billet à intérêt, des inconvénients compensés, comme tout en ce monde, par des avantages. Cela est positif ; mais, comme *les intérêts* de ces titres sont *fixes, constants,* et que ces *intérêts seuls* sont appelés à servir de point de départ au Crédit Pour Tous, je n'ai pas à m'occuper des fluctuations du marché public sur le titre de Rente et l'Obligation.

Je m'occuperai donc de *constituer* d'abord solidement l'encaisse de Crédits Mutuels ou d'Association, et de faire rentrer les rentiers de l'État dans la catégorie des travailleurs.

Je ne proposerai pas de créer de monnaie fiduciaire, je serais de suite éconduit : le crédit ramené à l'argent, toujours à l'argent, voilà mon fait.

IX

Si donc, le capital dont je désire la concentration est sujet à des fluctuations journalières, on conviendra que l'*intérêt* de ce capital, qui représente des millions, ne varie pas, et qu'il est ASSURÉ.

L'intérêt de ces titres est payable tous les trois mois, toujours escomptable avec un très-léger sacrifice, dans l'intervalle. La

Banque de Crédit Mutuel dispose donc, tous les trois mois, de sommes énormes en argent ou en coupons toujours c nversibles en argent à la Banque de France. Trois mois est le terme correspondant à la généralité des billets à ordre.

Le jour des échéances, la Banque de Crédit Mutuel trouve donc le Trésor Public son débiteur. En supposant qu'elle ait aussi mal pris que possible ses références, elle est en mesure de rembourser les billets des associés en retard.

On m'objecte : le rentier qui a déposé son titre voit donc : 1° Son intérêt passer en remboursement. Et de quoi vivra-t-il alors? 2° Son capital compromis.

J'ai admis l'absurde, c'est-à-dire que la Banque de Crédit Mutuel avait agi comme un fils de famille bon à interdire. Mais, ramenant tout, afin de mieux répondre, à la molécule même de l'Association, je dis que me voilà, moi, porteur d'un titre au capital nominal de cent francs, à l'intérêt réel de 3 p. 100, privé de mes 3 p. 100 d'abord ; exposé, quant à mon capital réel, puisque j'ai prêté imprudemment et que je dois d'abord rembourser.

Je réponds :

Le jour où moi, Banque d'association, j'ai mis mon endos à un billet d'associé, celui-ci m'a payé x p. 100 d'intérêt d'avance (1), *plus* une commission. Mettons en tout, et pour simplifier la démonstration, 1 p. 100 pour les trois mois.

Le jour venu de l'échéance, l'associé ne paie pas son billet.

Si le billet est fait à l'ordre d'un autre associé, tout peut, *d'abord*, s'arranger par un simple *virement*.

Si le billet impayé de l'*Associé* est fait à l'ordre d'un tiers, la Banque paie, mais aussitôt elle prend, comme garantie, le Livret d'Assurance de l'Associé. Et comme tous les Associés de la Banque ne peuvent qu'être solidaires, s'ils veulent mériter la confiance, et qu'ils répondent, par conséquent, au *prorata* de leur crédit, des pertes éprouvées par l'Association, le capitaliste qui a prêté son titre peut dormir tranquille, *et* sur la propriété de son titre, *et* sur l'intérêt que ce titre lui rapporte. Cent, deux cents, cinq cents, mille associés peuvent largement garantir le x p. 100 de perte que dix, quinze, vingt d'entre eux occasionneraient à l'Association *momentanément* grâce à l'*Assurance*.

Par contre, les associés participeraient aux bénéfices dans la proportion de x p. 100 lorsque x p. 100 de leur capital nominal aurait été distribué aux Rentiers fondateurs.

Ainsi :

Des titres de rente, forment l'encaisse de la Banque de Crédit Mutuel, et les coupons restent à la caisse ou à la Banque de France, si elle veut les accepter sans frais de garde.

Voilà donc un encaissement sérieux, portant avec lui un intérêt fictif de 3 p. 100, réel de 4 1/2 environ, qui va ajouter 3 0/0, plus des frais de commission à ces 4 1/2 p. 100; qui pour obtenir un intérêt de 7 p. 100 environ, se prête seulement à garantir le paiement

(1) Suivant le taux de l'intérêt fixé par la Banque de France.

de billets d'*Associés assurés*, lesquels associés, en général, se doivent les uns aux autres, et permettent de liquider leurs opérations par des virements.

Tous les trois mois, la Banque de Crédit Mutuel a des fonds considérables à toucher au Trésor Public. Elle aura combiné ses opérations de manière à pouvoir, le trimestre en règle et liquidé, distribuer aux porteurs de titres la Rente qui les faisait vivre. Le surplus est distribué tous les ans. Ceci me paraît simple.

En somme :

La Banque de Crédit Mutuel agit comme les autres banques, mais au profit du *travailleur* devenu l'*associé du possesseur du titre de Rente*. L'Association et l'Assurance constituent la Fraternité ; l'ouvrier, le paysan, n'envient plus le rentier dont *la rente aide* au bien être de tous.

Les travailleurs de toutes catégories sont dès lors les gardiens les plus fidèles, les plus sûrs, de la fortune publique, devenue par le fait, la *fortune propre, personnelle* de tout ce qui vit, travaille, s'assure et s'associe.

Les ouvriers, me dira-t-on, sont de mauvais débiteurs ; ils ne remboursent pas ce qui leur a été prêté !

Loin de moi la moindre pensée de flatterie à l'adresse des ouvriers ! je n'ai jamais flatté personne, et je ne commencerai pas ; mais je suis heureux de dire à la louange des ouvriers qu'ils sont, à de TRÈS-RARES exceptions près, les esclaves de leurs engagements.

Je me hâte d'en fournir la preuve :

La Société du Prince Impérial, ou, si on le préfère (et pour mon compte je le préfère), la *Société du Prêt de l'Enfance au travail*, une des bonnes et honnêtes institutions du Gouvernement, mais que l'on n'a pas assez développée, a prêté, de 1862, date de sa fondation, au 31 mars 1869, date de la clôture du dernier exercice, 6,278,038 fr. 72 cent. à 2,726 emprunteurs et 1,882 *emprunteuses*. Sur cette somme énorme, et que je voudrais voir plus considérable encore, savez-vous quelle est la perte éprouvée par la Société ?

Non.

La voici : 105,912 fr. 72 c., soit 1 fr. 71 p. 100.

Quel est le banquier qui ne consentirait à n'inscrire que 1 fr. 71 c. p. 100 à son compte de pertes et profits des capitaux engagés dans ses opérations !

Les travailleurs, ouvriers ou commerçants, ayant eu recours à la Société appartiennent aux professions suivantes : Vêtements, Lingerie, Chaussures, Modes, Alimentation, Bâtiment, Produits médicaux, Machines, Dessin, Horlogerie, Culture, Navigation, Articles de Paris, Mobilier, Etoffes, Bijouterie, Cuirs, Papeterie, Imprimerie, Arts industriels, Carrosserie, etc., etc., en tout, 476 *professions diverses*.

Tous ces chiffres sont officiels.

L'expérience est concluante.

M'appuyant donc sur les considérations matérielles, morales, politiques, que je viens d'exposer en peu de lignes et en rassemblant de mon mieux toutes les idées qui couvent en 1870, *je tente la récon-*

ciliation si naturelle, quoiqu'il en apparaisse, de la Rente et du Travail, la fusion du Crédit Public et du Crédit Individuel, l'avènement de la Fraternité par le Crédit d'Association-Assurance.

Je soumets, au nom de mon temps, héritier de tant de penseurs et de martyrs, aux rentiers petits et grands, aux publicistes, aux économistes, aux hommes d'Etat, une idée que je crois propre à aider à la solution des difficultés sociales à l'ordre du jour, nonseulement à Paris, mais encore en France et en Europe.

« Il est nécessaire, comme l'a si bien dit M. Hector Fessard, d'a» border d'un cœur humain et d'une intelligence *libre de toute routine* » l'étude du problème social, avant que nous soyons en face d'une » de ces situations aigües (1) » qui révolutionnent un peuple sans améliorer ses conditions d'existence.

Pour faciliter, sans bouleversements toujours inféconds, « l'éman» cipation sociale qui veut s'effectuer comme s'est effectuée l'éman» cipation politique ; » pour aider d'une manière efficace « le travail » manuel qui tend à s'élever d'un rang dans la hiérarchie du bien» être et de la *sécurité* (2) » je vois un premier moyen : la fusion en un intérêt commun des deux grands intérêts qui, aujourd'hui, sont disposés à se combattre :

L'intérêt du capital, l'intérêt des travailleurs.

Mon but, en écrivant cette brochure, a été de démontrer la *praticabilité* d'une telle fusion et d'exposer les avantages matériels et moraux, que chacun trouverait à l'application d'une idée que l'avenir fécondera, je l'espère.

(1) Le *Gaulois*, 23 janvier 1870
(2) *Ibid.*

Paris. — Imp. Balitout, Questroy et Cᵉ, 7, rue Baillif.

www.ingramcontent.com/pod-product-compliance
Lightning Source LLC
Chambersburg PA
CBHW060736280326
41933CB00013B/2657